Philippe DE LOUVIERS

# L'ÉLICITE

Philippe DE LOUVIERS

# L'ÉLICITE

Éditions Croix du Salut

**Imprint**
Any brand names and product names mentioned in this book are subject to trademark, brand or patent protection and are trademarks or registered trademarks of their respective holders. The use of brand names, product names, common names, trade names, product descriptions etc. even without a particular marking in this work is in no way to be construed to mean that such names may be regarded as unrestricted in respect of trademark and brand protection legislation and could thus be used by anyone.

Cover image: www.ingimage.com

Publisher:
Éditions Croix du Salut
is a trademark of
Dodo Books Indian Ocean Ltd. and OmniScriptum S.R.L publishing group

120 High Road, East Finchley, London, N2 9ED, United Kingdom
Str. Armeneasca 28/1, office 1, Chisinau MD-2012, Republic of Moldova, Europe
Printed at: see last page
**ISBN: 978-620-3-84490-0**

# L'ÉLICITE

# L'Élicitement de la Vie.

# Premier dialogue : Comprenne qui pourra.

*- J'ai tant de questions à poser.*

**– Pose-en une seule et je répondrais à mille d'entre elles en une phrase, par la Foi dans le Christ...**

**– Parce que la pensée qui habite ce que je dis est plus importante que les mots que je prononce et que moi-même.**

*- Comment cela se peut-il ?*

**– De chacune de mes paroles découlent beaucoup de réponses : parce que la vérité est contenue dans tous les mots qui expriment l'esprit juste.**

**– Essentiellement, si nous pensons bien au-delà de ce que nous sommes en ces jours ; mais plutôt à ce que nous serons à la fin des temps...**

*- Ma question principale est : Qui est Dieu ?*

**– Je le révèle : Dieu est avant tout l'Âme de la Vie, comme de l'ensemble de toutes les vies, la haute ÂME absolue et universelle qui modèle, forme, multiplie les corps...**

**– Il est aussi le très grand Esprit en la Vie : parce que l'esprit provient de l'âme.**

**– Il est la flamme qui resplendit en chacun de nous, en toute vie, incendiant un peu plus notre Univers chaque jour de son 'Vouloir Être' et cela, Il le fera à l'infini.**

*- Et par rapport à Lui qui sommes-nous ?*

**– Nous l'incarnons au sein même de nos propres corps et de nos esprits, par notre seule âme, en nous consumant à sa gloire éternelle depuis le début (de la grande Vie).**

– Il est notre ultime avenir, le futur de l'humanité entière dans son espérance, bien au-delà de toutes les espèces vivantes.

– Je vous le dis : Dieu est et va devenir l'extrême réalisation de notre espèce indéfiniment, en l'accomplissement de l'idéal absolu de l'humanité.

*- Que veut dire cela ?*

– Que nous sommes de Lui et que nous le créons le Dieu incréé, à chaque instant de chaque jour, tout au long de nos existences, autant que nous nous élevons de sa propre essence...

– Et si Dieu est l'incréé, c'est pour cela qu'Il est de toute éternité, en existant même en dehors de la Vie, puisqu'Il nous a créés de sa propre création.

*- Qu'est-ce que cela signifie pour nous ?*

– En fin de compte, Il est ce que nous voulons tous être en toute puissance, en ce que nous sommes de notre essentielle prédestination céleste.

– Il est ce que nous avons toujours voulu devenir dès le début et ce que nous serons assurément à la fin, puisque nous l'étions déjà aux origines...

*- À la fin de quoi ?*

– À la fin, lorsque commencera le début de notre nouvelle éternité, puisque tous nos êtres seront achevés.

– L'Apocalypse en sera la révélation, l'avènement de notre Divinité.

– La grande Révélation : parce que de la fin des mondes aboutira la venue du Dieu de l'humanité.

– Et quand Il sera, Il ira à la conquête de l'Univers, son Royaume d'infini, comme nous sommes allés à la conquête du monde...

*- Dites-en moi plus sur ce qu'Il est vraiment.*

**– Je peux dire de Dieu : Qu'Il est de la mer et de la terre où se livrent les combats incessants de la Vie, mais Il vient avant tout du ciel qui est si proche tout autour de nous comme si loin...**

**– Ainsi Il est né, inné en sa Volonté d'être l'Être qu'Il était déjà.**

**– Pour donner une image : Dieu est resplendissant comme notre Soleil dans le ciel et nous en serions tous les rayons de lumière de l'instant qui s'en exhalent et le magnifient sept milliards de fois jusqu'aujourd'hui.**

*- Dieu n'est-Il pas Lui-même un être ?*

**– Dieu est de tous les êtres et existe de toutes les existences depuis le commencement.**

**– Mais, il ne faut pas confondre Dieu le Père avec Dieu les Fils et Filles qui viendront...**

*- Et où est Dieu ?*

**– Il est de tous les lieux : Il est d'ici et d'ailleurs, Il est de partout.**

**– Il est forcément de tous les temps : Il est d'hier, d'aujourd'hui et de demain.**

**– Je le répète : Il est de toutes les vies !**

**– Il est d'eux, de celui-ci, de celui-là : des autres, comme Il est de nous-mêmes.**

*- Et où cela va t'il nous mener ?*

**– En fait, nous allons où Il se trouve, où nous mène l'évidence de nos êtres.**

**– Il fut là, où nous n'avions jamais encore été ; ainsi Il est là, où nous allons.**

**– Il est encore ici, où nous sommes et sera donc toujours là, où nous irons...**

**– Mais Il ne nous attend pas, car c'est nous qui l'attendons ; comme Il ne viendra pas, puisque c'est nous qui irons jusqu'à Lui, à la fin.**

*- Nous irons jusqu'à son Royaume, c'est cela !*

**– Son Royaume est déjà là : Il s'instaure de notre propre existence, notamment si elle est de bonté bienfaisante pour notre resplendissement à tous.**

**– Car les vies ne sont que des instants bénis qui engendreront à l'infini l'essor du Très-Haut dans les cieux de l'éternité...**

*- Mais que veut Dieu ?*

**– Il veut simplement ce que nous voudrions au plus haut de nous : parce que nous pouvons et nous voulons, vouloir ce qu'Il veut !**

*- Que veut dire : Ce qu'Il veut ?*

**– Que puisqu'Il est toute la Volonté de la Vie : rien ne vient, s'Il ne le veut ; rien ne va, s'Il ne le veut pas.**

**– Que les plantes poussent, c'est ce qui est voulu.**

**– Que les animaux vivent, c'est encore ce qui est voulu.**

**– Enfin, ce que l'homme et la femme veulent ensemble, c'est Lui qui le veut aussi.**

**– Alors ce qu'Il veut, c'est l'humanité toute entière qui le voudra...**

**– Définitivement, la Volonté de Dieu s'exprime d'abord au travers de toute la volonté des êtres vivants.**

*- D'accord, mais que veut-Il, Lui ?*

**– Il veut par-dessus tout : la Vie !**

**– La Vie qui voudra dorénavant dire : 'Volonté Infinie de l'Éternel'.**

**– Par conséquent, l'envie de vivre et le vouloir de Dieu sont mêmes en nous-mêmes.**

**– Ainsi, ce qui nous fait vivre est l'espérance d'être un Dieu un jour, pour nous-mêmes et par Lui-même.**

**– Toutefois, essentiellement, absolument et même universellement, Dieu veut que nous aimions.**

**– Aimer tout ce et tous ceux que nous pouvons aimer nous amènera à Lui, car c'est le seul chemin sur lequel progresse sans cesse la Vie.**

**– Sa Volonté, c'est l'Amour qui féconde le monde par les vies qui essaiment...**

**– L'Amour n'est autre que la passion divine : aimons comme Il nous Aime au travers de nos vies.**

*- Et que fait Dieu ?*

**– Dieu Est, le Magistère des principes de la Vie, parce qu'Il en est l'intelligence qui Lui donne un sens, l'œuvre et l'élève, en gouvernant ses systèmes existentiels de toute sa providence.**

**– Il est notre Créateur, comme nous sommes les créatures qui se développent en Lui-même...**

**– Il fait ce que nous faisons en vivant de la Vie : Il grandit en prospérant de toutes les vies des êtres qui vivent de Lui et pour Lui.**

**– L'Âme de Dieu explore ainsi même toutes les voies des vies (des plus insignifiantes aux les plus puissantes) en voulant trouver la plus justifiante et édifiante pour sa gloire éternelle, jusqu'en la plus haute des dimensions de la grande Vie...**

*- Que veulent dire ces phrases ?*

**– Que Dieu est en nous, comme nous sommes en Lui : Il est dans le monde vivant de la même manière que nous sommes dans notre propre corps.**

**– Et que nous sommes parties de sa chair et parts de son Esprit, puisqu'Il est notre Âme suprême, comme Il l'est de tout être...**

**– C'est ainsi que nous Lui érigerons l'Existence de notre propre vie et qu'Il s'élèvera vers ce qu'Il est pour toute l'éternité.**

*- Que dit Dieu ?*

**– Il dit exactement ce que nous pressentons au plus profond de la conscience ou de l'inconscience : Soyez qui vous êtes et faites ce que vous voulez, cependant faites-le justement et excellemment.**

*- Et est-ce qu'Il pardonne ?*

**– Il n'a rien à pardonner ; tout est déjà pardonné avant même que cela soit commis, si nous sommes innocents d'âme.**

**– Tout ce qui est fait, doit être fait et c'est parce que cela aura été nécessaire qu'il le soit, pour que nous parvenions à l'expier ou à le glorifier.**

**– Et que l'expiation de même que la glorification sont les plus sûrs chemins de notre édification.**

*- Alors, Dieu nous envoie t'Il vers des épreuves ?*

**– Il veut que nous nous confrontions, que nous affrontions le mal pour que nous en soyons plus forts, plus grands, plus justes.**

**– Un événement néfaste ou tragique arrive, nous devons y faire face pour notre grâce et la gloire de Dieu.**

*- Ce que j'aimerais aussi savoir : C'est comment pouvons-nous servir Dieu ?*

**– Simplement, en accomplissant ce que nous sommes venus réaliser au bout de notre passion, dans la joie, par l'espérance, jusqu'à la contemplation.**

**– Surtout en dépassant la souffrance, en oubliant le désespoir, en abolissant aussi la mort finalement.**

**– Alors accomplissons-nous avec abnégation s'il le faut, en avançant vers la Vie jusqu'à la résurrection éternelle.**

*- Doit-on être soumis à Dieu ?*

**– Nous ne sommes soumis qu'aux faiblesses de notre humanité : Dieu ne nous impose aucune soumission, mais Il nous emmène vers la délivrance...**

**– Puisque nous sommes de Lui, comment pourrait-il en être autrement qu'Il nous donne toute la latitude illimitée de la vie.**

*- J'ai encore des questions essentielles : Pourquoi Dieu a t'Il créé le monde comme il est ?*

**– Il ne l'a pas créé en une seule fois, ainsi ou autrement : il s'est généré, fondé et édifié de lui-même et par Lui-même pour être ce qu'il peut, puis doit Être.**

**– Cela uniquement parce qu'Il l'a voulu !**

**– Et la Volonté de Dieu est le pouvoir qui engendre dans l'Univers où nous vivons au-delà même de tout ce qui existe.**

**– Au point que le feu du soleil, l'eau de la mer et que le sol de la terre se sont mélangés, fusionnés ensemble pour procréer la Vie...**

*- C'est cela qui a fait apparaître la Vie.*

**– C'est l'Âme de Dieu qui a enflammé la matière et depuis le début de nos mondes, Elle est l'incendie divin qui consume tous les corps...**

**– Elle les consume, en les transformant, les magnifiant, juste pour pouvoir les amener vers l'évolution du Dieu incarné.**

*- Et pourquoi tout cela : toutes ces créatures si différentes, toutes ces évolutions ?*

**– Pour que le grand Esprit puisse expérimenter et trouver la voie sublime de l'excellence perpétuelle, au-delà de nos instants éphémères.**

**– Et que l'Être puisse devenir en incarnation précisément ce qu'Il est, au plus parfait des fondements de son Âme.**

*- Alors, en conséquence de quoi le monde est-il ce qu'il est, si imparfait ?*

**– Il ne peut être parfait pour à chaque instant pouvoir changer et évoluer ; ainsi c'est à nous de faire que le monde accède à l'amplitude de la perfection...**

*- Mais pourquoi Dieu ne se montre t'Il pas directement ?*

**– Si Dieu apparaissait manifestement, en serions-nous libres de nous accomplir par la diversité et la profusion du développement de toutes nos vies ?**

**– Pourrions-nous vivre de l'indigence à ne pas être à la hauteur de l'avéré ?**

**– Nous aurions si peur de nous-mêmes que nous suiciderions presque tous nos destins...**

**– Malgré cela, je vous le dis : Il est là, juste devant nous !**

**– Ainsi Lui le Dieu, Il anime le corps de la Vie et du monde, où Il vit d'abord dans tous les êtres et en nous-mêmes...**

**– Cependant, nous préférons refuser de voir et de croire : tous les efforts glorieux au cheminement des vies qui nous sont demandés, leurs difficultés, leurs sacrifices même et peut être la grandeur de notre destinée nous effraie.**

**– En plus, nous cherchons à chaque fois à démontrer qu'il n'y a pas de miracles ; là qu'ils sont devant nous chaque instant : parce que la Vie est miraculeuse en Elle-même.**

*- Je me demande aussi : Pourquoi l'espace est-il infini ?*

**– Puisque nous allons vers la dimension de l'Éternel pour y exister, en résultante nous aurons l'infini pour évoluer et nous y serons les Dieux de la Vie.**

*- D'ailleurs, qu'est-ce que l'infini ?*

**– Ce qui n'a pas eu de commencement et n'aura pas plus de fin...**

*- Et pourquoi toutes ces étoiles dans l'espace ?*

**– Nous les voyons où que nous soyons égarés dans la nuit pour que nous sachions que la lumière du ciel est l'objectif de notre destinée illimitée.**

*- Et aussi révélez-nous l'éternité !*

**– C'est ce qui a été à jamais, ce qui est l'instant et sera pour toujours.**

*- En fin de compte, comment comprendre votre message ?*

**– En fait, il faut juste vouloir voir la plus vaste réalité...**

*- Je n'arrive pas à croire tout ce que vous m'avez dit.*

**– Mais tu ne m'entends pas, tu ne comprends pas : tu m'écoutes pour juger de ton esprit et moi, je m'adresse qu'aux âmes !**

## <u>Deuxième dialogue :</u> Connaître ce qui est Juste.

*- Quelle est la plus grande vérité ?*

**– Chacun doit en premier rechercher ce qu'il croit être la vérité en la clairvoyance de son âme et celle-ci sera la plus grande pour lui.**

*- Cela ne me paraît pas simple...*

**– Ta vérité est ce que tu imagines ce qu'elle serait ; mais si tu souhaites une vérité élémentaire : Ce qui est vrai est ce qui est !**

*- Et ce qui a été dit par les prophètes, est-ce la vérité ?*

**– Oui, mais c'est en imaginant ce que sera l'œuvre que nous parviendrons à comprendre pourquoi, ils nous ont dit de l'accomplir.**

**– Ce qu'il faut retenir, ce n'est pas les paroles seules des prophètes, mais l'esprit qui les porte...**

**– Et pour moi, le plus important que les autres est Jésus-Christ, puisqu'Il est de Lui-même le "Verbe de Dieu".**

*- Mais est-Il Dieu Lui-même ?*

**– Jésus est avant tout le Fils de Dieu en Âme et par l'Esprit saint qu'Il porte en Lui.**

*- Je vais poser une question étrange : Dieu est-Il un homme ou une femme ?*

**– Je te demande : Une femme ou un homme seul, peuvent-ils avoir un enfant ?**

**– Alors, Il est des deux en un mouvement d'union et ce mouvement c'est celui de l'Univers dans lequel nous sommes tous unis vers Dieu.**

**– À partir d'aujourd'hui le mot 'Univers' veut aussi dire : Unis vers Dieu !**

*- Et quel est le rôle de Dieu ?*

**– Je le redis : Qu'Il soit pour devenir ce qu'Il doit Être...**

*- Qu'est-ce que peut vouloir dire cette phrase ?*

**– Que Dieu nous a créés à son image de par son Âme : Il a fait de nous ses enfants sacrés et c'est pour cela que certains d'entre nous en serons sanctifiés.**

*- L'âme, qu'est-ce que l'Âme divine ?*

**– L'Âme est ce qui anime toutes les chairs, depuis même la semence et cela pour chaque existence.**

**– Les âmes nous unissent, puisqu'il n'y a qu'une unique Âme répartie en tous et toutes : Elle est le souffle de Dieu qui insuffle toutes les vies...**

**– Ainsi, elles sont comme des flammes qui se rejoignent dans le Feu du vivant qui embrase la planète entière.**

*- J'ai du mal à me représenter ce qu'en devient notre âme individuellement.*

**– Notre âme fait partie de l'Âme et peut en obtenir un peu de sa splendeur, de la Déité.**

*- En serions-nous immortels ?*

**– La mort des corps n'est pas la fin, elle est l'achèvement d'un commencement, qui mène vers un recommencement qui va aller à l'avènement.**

**– Elle aura été le cycle immuable de l'Existence qui est éternelle, où les âmes élues seront réunies en la Volonté toute puissante de Dieu : puisque alors nous serons devenus les Dieux de la Vie.**

*- Et j'ai difficilement compris : D'où vient la Vie ?*

**– Si l'on demande à une personne sensée : que va t'il ou elle répondre ?**

*- Je pense qu'il ou elle dira : De la nature.*

**– Alors, elle est en elle-même tout naturellement créée et habitée de Dieu comme notre âme nous habite.**

**– On va dire : Que c'est Dieu notre Père qui a inséminé la Vie par notre Mère la nature...**

*- Ce que je n'arrive pas à saisir non plus : c'est le sens de la Vie.*

**– Je le dis : Le sens de la Vie est d'aller vers Dieu.**

**– J'ajoute : Qu'Elle est le cheminement qui engendre l'incarnation du corps de l'Esprit.**

*- Donc alors, qu'est-ce que la Vie ?*

**– La Vie est un Feu sacré qui existe déjà avant qu'il ne s'allume par sa latence.**

**– Et nous venons tous de la même Étincelle ; puis nous brûlons, nous nous consumons de ce feu, pour son éclat qui ne cesse de son embrasement qui s'étend, puisque le Feu Lui ne meurt jamais.**

**– Cette flamme qui s'éteint à un endroit, quand l'un de nous en est consumé se rallume ailleurs et c'est toujours le même Feu céleste qui est éternellement éternel...**

**– De plus, lorsque deux flammes se rencontrent, elles ne deviennent plus qu'un seul feu.**

**– Surtout la Vie aura été une longue étape, avant sa parfaite perfection qui sera enfin accomplie par la destinée de l'Être suprême.**

**– Comme lorsque l'animal est un jour devenu l'humain : la Vie aura servi à l'édification du Royaume où l'Être éternel fera que nous allons devenir les Dieux et Déesses.**

– **Ainsi, je vous l'annonce : Notre transcendance est Dieu !**

*- Ce Royaume, comment le bâtirons-nous ?*

– **Pour instaurer le Royaume de Dieu, il n'y a qu'une volonté à entreprendre : réaliser chacun de nos vœux, mettre en œuvre tous nos espoirs, accomplir l'ensemble de nos rêves...**

– **Voilà comment nous y arriverons, même si cela prend pour nous des siècles et des siècles et des millénaires.**

*- Et pour quelle raison cela doit-il durer tout ce temps ?*

– **Cela n'aura pas duré tout ce temps ; cela ne va durer qu'un instant, le seul instant de l'éternité.**

*- Je ne comprends pas : Tous les siècles et les millénaires qui sont déjà passés...*

– **Il n'y aura eu et il n'y a en réalité que l'instant : celui de l'éternité.**

– **Ce n'est pas le temps qui passe, mais c'est seulement nous qui passons : les êtres, les choses, les événements...**

*- C'est incroyable, comment cela se peut-il ?*

– **Réalise ce qui est juste : Les êtres, les choses, les planètes même, naissent, vivent, puis meurent et cela représente des avancés, des traversés...**

– **Pourtant, ceux-ci ne s'accomplissent que dans l'unique et éternel moment de l'existant.**

– **Le temps temporel n'est que l'espace d'un instant, éternellement présent : le passé n'existe plus et le futur pas encore.**

– **En fait : seul le présent existe !**

*- J'ai encore d'autres questions, tant de questions, comme : Atteindrons-nous le paradis ?*

– Atteindre le paradis c'est trouver la paix par la satisfaction et la consécration d'être accompli dans la mission de son existence.

– Mais pour les Élus de Dieu seule demeurera l'infinité (car la fin serait l'enfer du néant) et c'est là que sera notre monde meilleur.

*- Si j'ai demandé qui est Dieu, je demande aussi qui est le diable ?*

– Le diable lui-même n'est pas : il n'est que l'esprit du mal.

– En d'autres mots : La Force divine qui est en nous, nous entraîne quelquefois au pire quand elle s'exprime par des esprits dans la détresse ou l'errance qui ne sont pas encore éveillés ou guidés...

– Car il ne suffit pas d'avoir cette Force en soi ; il faut surtout en épouser l'Esprit de sa sainteté.

– Dieu est bien plus que la Force universelle, s'Il est aussi la Volonté et même l'Intelligence qui la dirige : Il en est somme toute la conscience effective et totale.

*- Nous, qu'est-ce que nous sommes ?*

– Nous sommes des corps de matière et liquide terrestres, habités du Feu céleste, tout en étant engendrés et inspirés par les intentions de Dieu.

– Et nous ne sommes pas séparés de Lui, mais unis par notre âme avec ce qu'Il Est.

*- Et quel est notre rôle ?*

– D'être des créatures aimantes et Aimées du Créateur qui nous a créés pour que nous aimions chaque chose ou être que nous pouvons aimer.

– Cela jusqu'à ce qu'Il soit tout puissant de notre amour.

**– Lui qui existe de toujours, nous a offert l'existence pour qu'Il soit en nous comme nous sommes dans nos propres os, dans notre propre chair, dans nos pensées...**

**– Et que nous grandissions et que nous nous édifions pour Lui, justement en suivant le chemin du Juste.**

**– En recherchant et en faisant que la liberté, l'équité et surtout la bonté prospèrent pour que la vie réussisse devant chaque adversité.**

**– Même s'il doit y avoir l'accomplissement du bien et du mal pour que l'édification ait tout simplement lieu.**

*- Et vous, qui êtes-vous ?*

**– Je suis celui qui est venu vous le dire : dire la Vérité qui est en vous !**

**– Car si chaque humain se questionne en son for intérieur, il trouvera sa vérité qui lui vient de Dieu.**

**– Moi, j'indique la voie pour ouvrir l'accès à l'autre Monde que nous ne trouvons pas : tout simplement parce que le nôtre est déjà en dedans de l'autre Monde.**

*- Comment savoir, si vous dites la vérité ?*

**– Si je dis la vérité, elle sera acceptée comme telle par tous et toutes ; sinon, elle ne le sera pas.**

*- Malgré cela, si certains refusent et invoquent la science contre la croyance.*

**– Je leur dis : Qu'ils en ont le droit et même le devoir, car en appelant à la logique, ils œuvrent pour le Divin, parfois malgré eux, parce que Dieu est à la fois passion et raison.**

**– Enfin, le jour où les deux se réuniront en une même promesse, en un même accord, en une même certitude ; ils auront alors trouvé la voie de la grande Vérité.**

*- Et pourquoi il y a-t-il fréquemment plusieurs vérités ?*

**– Il n'y en a pas plusieurs, mais une seule que généralement nous ne savons pas appréhender par sa complexité, sa subjectivité, car nous la percevons de perspectives si différentes et avec nos préjugés.**

**– Et la plus grande richesse de l'être libre est de parvenir à l'unification des sens de toute la Vérité.**

*- Pourquoi voulons-nous toujours avoir raison et posséder la vérité ?*

**– Il faut le savoir : Nous portons tous en nous la Parole de Dieu que quelques-uns annoncent en tant que prophètes, puisqu'ils le veulent et qu'ils le doivent.**

**– Et si chacun veut imposer son avis, c'est parce qu'il se sent dépositaire d'une partie de cette Parole, qu'il se veut confondre avec lui.**

**– Ainsi, nous attribuons facilement à Dieu nos désirs et nos principes : bien qu'en vérité, Dieu n'ait les aspirations et la morale de personne, mais de l'ensemble de tout le monde...**

**– Alors sachez que si quelqu'un vous impose sa vérité, il ne peut pas être vraiment juste : parce qu'il mutile la Vérité multiple de Dieu.**

**– Enfin, je n'essayerai pas de vous convaincre, parce que vous êtes simplement déjà persuadés de ce que je dis...**

## <u>Troisième dialogue :</u> Croire ce qui est écrit.

*- Est-ce que nous devons croire en la Bible et aux autres livres ?*

**– Même s'il y a plusieurs prophètes, rappelons-nous qu'ils parlent tous du même Dieu.**

**– Et le véritable message de Dieu est encore si vivant au cœur des hommes et des femmes que l'humanité pourrait chaque matin réécrire le Livre sacré.**

**– Car la vraie Foi vit et se renouvelle en nous comme si elle était une onde de la lumière : "La Foi est vivante !"**

*- Et que signifierait-il alors ?*

**– L'Évangile a annoncé, annonce et annoncerait ce que nous devons suivre pour que les âmes (qui vont être élues par leur grandeur et leur justesse) puissent ressusciter et entrer dans la Vie éternellement...**

*- Qu'est-ce qui est réellement écrit dans ces livres ?*

**– Il est écrit que nous sommes dans l'errance, puis que la Parole de Dieu y est révélée par le Messie qui montre le chemin jusqu'à la fin, où tout prendra sens.**

**– Et encore, il nous est donné des préceptes de la providence, dont découlent les enseignements qui nous conduiront à instaurer le Royaume de l'éternité.**

**– Le Royaume où régnera l'Amour, qui Elle seule peut vaincre la mort de toute sa délivrance.**

**– Alors, nous serons enfin libérés de nos vies mortelles et de nous-mêmes, puisque nous allons y être les régents du vivant.**

*- Devons-nous suivre les préceptes de ces livres scrupuleusement ?*

– Nous devons les suivre avec ce que notre âme nous inspire (même s'ils en sont la révélation) : parce qu'elle, Elle nous donne une vérité vivante.

– Sachons que les principes offerts en ces livres ne peuvent nous guider que si nous savons les rallier aux plus essentielles réalités de la vie : cela sans nous fourvoyer de notre orgueil absurde à être ce que nous ne sommes pas encore devenus...

– Ils sont les prophéties de notre destin et nous en discernerons enfin les sens lorsque nos esprits en seront exaltés : nous saurons alors, ce que les divines paroles signifient.

*- Quelle est cette destinée ?*

– Notre destin est que nous avons été créés et que nous nous devons d'incarner Dieu pour nous accomplir en sa propre destinée...

– Et que pour cela nous devons suivre la voie évidente que nous indique la grandeur de notre Âme.

– Elle qui porte le pouvoir de Dieu d'assembler la matière pour en faire un être vivant qui déborde de vie.

– C'est cette puissance de la Vie qui ira au long cours des prochains millénaires s'implanter et se disperser dans l'Univers jusqu'à notre apogée sans limite...

– Voilà pourquoi l'humain doit devenir un Dieu : pour avoir assez de vie, de force, d'intelligence pour l'explorer et le conquérir.

*- J'aimerais aussi savoir : Qu'est-ce qui est sacré ?*

– La vie peut être la plus sacrée, mais l'amour est encore plus sacré : car il est source de vie intarissable jusqu'à nous emmener à la Vie infinie.

– La liberté est sacrée : car elle nous permettra d'accéder au chemin qui mène vers Dieu et tout ce qui l'entrave nous éloigne de Lui.

*- Et qu'est-ce qui est le bien ?*

**– Le bien de la terre est ce qui crée le bon, le beau, ce qui établit le bonheur pour qu'il rende meilleur l'humanité.**

**– Alors que le Bien du ciel est avant tout ce qui est le Juste !**

**– Attention au juste équilibre : le bien peut aboutir au mal, s'il n'est instauré dans la sérénité de la sagesse et la retenue de la pitié.**

**– Le bien est ce qui nous conduira assurément à la félicité ; ainsi faites-en votre finalité et la route qui y mène sera celle du Bien...**

**– Le Bien est ce que nous pressentons être ce qui doit être, lorsque nous sommes à l'unisson avec l'Amour de Dieu, pour que la Vie triomphe.**

*- Qu'est-ce qui est le péché ?*

**– Empêcher que la Vie, Elle même triomphe, que la vie naisse, se perpétue, puis grandisse et qu'enfin elle abolisse la mort.**

**– Interdire que la beauté qu'Elle porte en elle se révèle aux yeux de tous et s'instaure de toute sa ferveur : la première grâce que nous puissions trouver.**

**– Cacher ou mentir sur la vérité, de ce qui est les volontés de Dieu, de Dieu qui se révèle réellement en son œuvre.**

**– Ce qu'il faut savoir aussi, c'est que tout peut advenir péché, s'il n'est que d'excès ; mais que rien ne l'est véritablement : s'il vient d'une intention d'amour pour aller vers l'Amour !**

**– Parce que le plus triste des péchés est de ne pas aimer assez, encore et toujours, malgré tout...**

**– Et à la fin de tout, nous en serons tous graciés : parce que l'Amour de Dieu est plus vaste que les colères des hommes.**

*- En serons-nous alors débarrassés ?*

**– Le jour où nous aurons atteint l'état de magnificence, où notre nature deviendra céleste, à partir de ce jour il n'y aura plus de péchés, mais que le bienfait de Déité.**

*- Alors, qu'est-ce qui est fondamentalement le mal ?*

**– Le mal est ce qui crée le mauvais, le laid et ce qui entraîne la douleur et le malheur.**

**– Le mal conduit très souvent à l'adversité ou même jusqu'à la fatalité : qui aura fait du mal ; subira d'autant le mal !**

**– Et particulièrement, nous le savons : Le mal émane de la haine ou encore de la peur et de la colère.**

*- Et les péchés, les "sept Péchés capitaux".*

**– En eux-mêmes, ils sont le sel de nos trop petites vies qui peut nous assoiffer, plus que nous étancher.**

*- Et le "Péché de chair".*

**– Il n'y a pas de "Péché de chair" : la chair est pure, ainsi que l'a voulu Dieu par la nature, elle est substance de la vie.**

**– Et sachez que la vie ne peut provenir du péché : car elle est elle-même l'expiation de la plus lourde des fautes, celle de notre mort.**

*- Alors qu'est-ce que la vertu ?*

**– Nous aurons atteint la véritable vertu le jour où l'amour aura supplanté la convoitise, la rancune, la concupiscence, l'indolence et l'orgueil de la vie.**

*- Oui, mais quand même, il y a le "Péché originel" !*

**– Le "Péché originel" : "C'est celui d'avoir choisi de cueillir le fruit du savoir, le Savoir absolu de Dieu."**

**– Ainsi que d'avoir acquis conscience du bien et du mal en ayant perdu notre innocence par la même.**

**– Mais il était et est encore notre Éveil nécessaire et même indispensable pour rejoindre le Divin.**

**– Juste pour essayer de parfaire un peu de ce qu'Il fait...**

*- Ce ne sont pas les seuls péchés, il y a d'autres péchés, beaucoup d'autres.*

**– Ce qui en général cause la souffrance est péché et ce qui affecte, blesse, mutile, tue : fut, est, sera le péché.**

**– Alors que c'est en suivant les préceptes du Christ que nous éviterons que le péché répande la plupart de ses malheurs sur nous.**

*- Qui est le dépositaire de la Parole de Dieu ?*

**– Toute l'humanité et pas seulement les religieux : tout homme la porte en lui, toute femme la porte en elle.**

**– Elle appartient à tous et à toutes, alors aucune des nouvelles sacrées ne doit être gardée secrète : elles doivent toutes être délivrées à chacun et chacune.**

*- Comment feront-ils cela ?*

**– Les religions doivent à présent (le temps en est venu) aider chacun à prononcer cette part de vérité qu'il possède en lui, pour que nous puissions constituer la plus grande Vérité.**

**– Celle qui exaltera le monde, celle du Dieu presque irrévélé !**

**– C'est pour cela que je dis aux défenseurs des pauvres qui rejettent la religion : Reprenez le vrai message de Jésus que vous vous êtes fait voler.**

**– Je vous certifie que Dieu est du côté des humbles, de ceux qui endurent et portent le poids du monde en sa Justice miséricordieuse...**

*- Quelle est cette Parole de Dieu ?*

**– Le message de Dieu n'est pas qu'une parole ; le message de Dieu est le sentiment le plus élevé des sentiments : il est l'Amour universelle !**

**– Et cette Amour est ce qui nous mènera à engendrer l'existence des Fils et Filles célestes de l'humanité, parce qu'Eux seuls seront l'achèvement du Corps divin.**

*- Pour le comprendre, comment pouvons-nous accéder au véritable message qu'a délivré le Prophète ?*

**– Pour comprendre les Paroles du Messie, il suffit juste de penser et de croire avec l'Esprit du Christ.**

**– Et les Évangiles ne sont pas une histoire du passé, mais la voie de l'avenir de l'humanité toute entière...**

*- Et doit-on craindre Dieu ?*

**– L'on ne doit pas craindre l'Amour !**

**– Ne le redoutez jamais : mais essayez seulement de l'aimer comme Il vous Aime.**

*- Alors, comment honorer Dieu ?*

**– En étant des êtres de courage, de vérité, libres d'aimer et de faire le bien, avec toute la justice, l'humilité dont vous pouvez faire preuve.**

**– Et parce qu'il vaut mieux croire en actes qu'en paroles ou en promesses : alors, il est préférable d'agir ici et maintenant !**

*- Peut-on tuer au nom de Dieu ?*

**– On ne doit que donner ou sauver la vie au nom de Dieu.**

**– Si quelqu'un vous dit de tuer pour Dieu, il n'est principalement que l'opposant de Dieu.**

*- Peut-on juger ou punir au nom de Dieu ?*

**– Nous n'avons aucun droit de juger, de condamner des hommes ou des femmes au nom de Dieu : juste de les juger par la justice humaine et c'est déjà beaucoup.**

*- Et pourquoi Dieu ne fait pas tout, immédiatement ?*

**– Avec nous et par nous, Dieu fait tout ce qui doit être fait, au moment où cela doit l'être : pour que le pouvoir puisse s'allier à la maîtrise et la sagesse.**

*- Alors, pourquoi Dieu ne nous pilote-t-Il pas comme des sortes de cyborgs ?*

**– La plus grande grâce de l'être qu'Il nous ait accordée : est d'être libre...**

*- Quelle est la puissance de Dieu, a t'Il tous les pouvoirs ?*

**– Le pouvoir de Dieu est juste infini !**

**– Ce qui signifie d'abord : qu'il n'est pas encore parfaitement fini en tout infime lieu de notre Terre et de notre ciel.**

**– Mais Il l'Est, comme la théorie du chaos le serait : dans le désordre apparent du tout, les forces de Dieu sont là toujours présentes (métaphysiquement parlant) dans l'accroissement de son absolutisme sur l'ordre précis de la Vie qui évolue sans cesse...**

*- Mais il y a ceux qui ne croient pas.*

– Souvent les gens refusent de croire, car cela perturberait trop leur simple quotidien et leur ferait renoncer aux bénéfices de leurs défauts : la plupart préfèrent jeter un voile sur leur conscience de Dieu, pour ne pas avoir à en assumer les responsabilités de leur existence.

– Les athées sont de pires aveugles, car ils ne veulent pas voir le sens de tout ce qui est le monde et de l'humanité.

– Seuls ceux qui ont la grande Foi en voulant voir ce qui est une évidence seront élus.

## Quatrième dialogue : Vivre ce qui a été prédit.

*- Qu'est-ce que c'est que croire en Dieu ?*

**– C'est avant tout croire en la Vie !**

**– C'est pour cela que nos convictions ne doivent plus être que la croyance en nous qui sommes les Élus du règne de la Vie, depuis que l'animal fut fait humain en recevant de l'Esprit divin.**

**– Alors croyons en nos vies : parce que si je crois par-dessus tout en la Vie, je ne peux qu'avoir infiniment foi en Dieu et à ce que nous allons devenir...**

**– Surtout : "N'oubliez jamais que l'espérance est le Salut !"**

*- Et qu'est-ce que croire en la vie ?*

**– Croire en la vie : c'est d'abord avoir foi en soi et reconnaître que le hasard est une opportunité de la providence, car nous sommes là pour y être exaucés.**

*- La foi en elle-même, qu'est-ce que la Foi ?*

**– C'est la respiration de Dieu jusqu'en nos âmes !**

**– La foi, ce n'est pas prier, invoquer et même implorer : cela ne suffit pas !**

**– La foi, c'est croire que l'impossible va être de tout son cœur.**

**– Et il fut, alors il sera encore une nouvelle fois...**

*- Est-ce véritablement cela qui est la foi ?*

**– La foi n'a besoin d'aucune preuve, si l'on sait que c'est le Juste et si on décide de le croire par l'absolu, cela se réalisera : "La Foi déplace des montagnes, si celui qui le veut, croit que cela va arriver en étant sûr dans son cœur ; alors cela arrivera !"**

– C'est-à-dire : **Lorsque les volontés de celui qui le demande rejoignent celles de Dieu, ainsi que de l'humanité.**

– Il suffit de ne pas arrêter de croire : **De faire avec la foi et pour la Foi, tout en laissant Dieu nous amener à notre gloire.**

*- Si nous prions, Dieu nous aide t'Il ?*

– **Dieu nous aide chaque jour pour ce qui est favorable à l'accomplissement de la Vie...**

– Et je le redis : **Si nous le voulons vraiment et qu'il est juste de le vouloir, Il l'accomplira par nous, en nous et pour nous.**

– **Dieu voit, entend, ressent et aussi fait souvent par nous : parce qu'Il est avec nous, en nos êtres.**

*- Et comment pouvons-nous communiquer avec Dieu ?*

– En priant : **Toutes les âmes étant liées infiniment entre elles en l'osmose avec celle du Divin.**

*- Dieu nous punit-Il, si nous ne Lui obéissons pas ?*

– **Il faut arrêter de nous opposer à Dieu, puisque nous ne faisons qu'un avec Lui.**

– **Dieu nous guide seulement sur le chemin du Juste pour que nous évitions de nous perdre et que nous trouvions ce qui nous conduira à ce qui est l'avènement de la Vie d'éternité.**

*- Alors, qu'est-ce qu'accomplir la Volonté de Dieu ?*

– En une simple phrase : **C'est arriver à aimer ce que l'on est et ce que l'on a, ce que l'on veut, ce que l'on fait, puis ce que l'on en obtient à la fin.**

– **C'est aussi en étant dans le pire, le désordre, la souffrance, la haine, y trouver encore la force d'accomplir la passion de sa vie.**

**– C'est suivre notre volonté la plus glorieuse, puisque nous voudrons ce qu'Il veut, si nous faisons le choix du vouloir de Dieu qui est l'Amour absolue.**

*- Et de quelle manière percevoir et suivre le sens qu'Il nous indique ?*

**– Comme je l'ai dit : En suivant notre propre voie, celle qui va dans la direction que nous indique le sens même de notre âme et je sais comme nous le savons tous que c'est l'unique chemin que nous ayons pour y parvenir.**

**– Et si nous faisons le bon choix, nous le saurons : car ceux qui choisissent d'emprunter le chemin du Juste sont guidés et soutenus par la Force même du Créateur.**

**– Et puis fais ce que tu dois faire, pour toujours ne jamais regretter.**

*- Comment comprendre cela ?*

**– Comme tout ce qui arrive, sert ce qui va être...**

*- Que devons-nous faire alors pour y parvenir ?*

**– Libérer notre essence divine des limites de notre condition humaine : nous voulons être un Dieu, alors soyons-le !**

**– Nous voulons aller en tout endroit, alors nous irons !**

**– Nous voulons aussi tout savoir, alors nous le connaîtrons !**

**– Nous voulons être tout puissant, alors nous le deviendrons !**

**– Nous voulons être immortels, alors certains parmi nous qui le veulent le seront, surtout que nous sommes déjà de l'Éternel.**

**– Rien ne nous arrêtera, rien ne pourra empêcher notre passion de vivre Dieu.**

– Et l'Amour infinie s'accomplira, parce que cette puissance surpasse tous les principes : Elle est la force même qui crée la vie et de la Vie qui crée.

*- Bien, mais comment faire ?*

– Découvrons et vivons ce qui est écrit en nous, c'est-à-dire : Ce que nous révèle chaque jour, en nous confrontant face au monde qui nous est proposé, en affrontant ce qui nous est parfois opposé et ce sera alors notre propre grandeur.

– Les grands malheurs du monde viennent couramment de tous ces gens qui ne savent pas où ils vont et qui errent de leurs existences...

*- Quelle est cette grandeur ?*

– Notre grandeur est de suivre le chemin de la rédemption que nous a tracé le Christ par ce qu'Il a dû vivre et cela jusqu'à l'aube de la résurrection.

– Il est de notre destin de refaire ce qu'Il a fait en des multitudes et infinitudes de fois, cela par chacun de nous.

– Ce que Jésus a accompli, il y a deux mille ans, nous nous devons de l'accomplir à présent...

– Sa vie est le chemin qu'Il nous a montré vers l'inaccessible voie de la Vérité de Dieu (qui a été bénéfique pour et bénite par l'humanité).

– Et nous nous devons de la suivre en notre existence promise pour en atteindre passionnellement sa glorification et si nous voulons pouvoir le rejoindre dans la Vie éternelle.

*- Pourtant, reproduire les miracles est impossible !*

– Je vous préviens : Nous allons devoir réaliser tous les miracles du Christ (sauf un), pour qu'enfin nous puissions atteindre notre Divinité.

*- Comment ferons-nous ces miracles ?*

**– Il nous suffit d'agir, d'agir encore et par-dessus tout d'agir justement, tout en priant pour être exaucé : la Force de Dieu en nous fera alors faire le miracle.**

**– Et si nous n'y parvenons pas : nous avons juste à recevoir la sienne qui est là et à nous en saisir.**

*- Quand les ferons-nous ?*

**– C'est ce que nous accomplissons déjà et nous en acquérons à chaque fois de nouveaux pouvoirs : les pouvoirs des enfants de Dieu !**

*- Quels pouvoirs en recevons-nous ?*

**– Nous avons le pouvoir qui si nous suivons l'exemple du Fils de Dieu, fera que nous serons les Êtres les plus puissants et célestes que ce monde n'aura jamais connus depuis le début.**

**– Le pouvoir qui fera de nous notre propre sauveur comme celui des êtres qui ont et auront vécu avant nous, puisqu'ils sont en nous.**

**– Alors moi je fais le miracle du Fils de Dieu, en révélant le secret de la Vie : je proclame aujourd'hui l'apogée de l'humanité !**

*- Et où est écrit ce secret de la Vie ?*

**– Dans la Vie tout simplement, ainsi qu'en nous-mêmes : chacun de nous a une part à révéler, cela il le sait intimement et obsessionnellement.**

**– Et s'il ne sait pas encore ce que sera l'ensemble ; s'il se le demande, il saura essentiellement ce que doit être ce qu'il doit faire.**

*- Une autre question m'interpelle : De quelle manière pouvons-nous guérir la maladie ?*

**– Il faut avoir l'âme pure, si pure en sa grâce éternelle que l'Âme peut guérir le corps et aussi vaincre la mort.**

**– Car si le corps de l'homme est animal, son âme lui est venue de l'Âme de Dieu et si elle le veut, elle peut entrer en sa présence.**

*- Mais comment avoir l'âme pure ?*

**– Il nous faut délivrer notre corps de ses tourments, malaises ou afflictions et cela a lieu lorsque l'esprit reconnaît l'âme en sa prééminence en acceptant de vivre en son élévation.**

**– Et l'Âme va nous rendre immortels, dès qu'Elle sera parvenue à s'ériger dans toute la quintessence des corps : alors il n'y aura pour nous plus de mort.**

**– Ainsi, la mort aura été partie du cycle fondamental de la Vie servant à l'accomplissement à venir de notre perfection divine.**

**– D'ailleurs, on meurt vraiment que si on l'accepte ou on le veut, lorsque notre âme le décide : puisqu'elle, Elle est éternelle !**

*- J'aimerais revenir à ce que l'on peut faire pour être sûr de réussir son existence.*

**– Accepter la mission à laquelle nous sommes destinés en notre venue au monde (si nous nous trouvons).**

**– Le destin que nous poursuivons, parce qu'il est en nous et que nous pressentons que notre devoir est de l'accomplir, bien avant même que nous essayions d'y parvenir.**

*- Et précisément, quelle est l'attitude que nous devons avoir ?*

**– Il nous faut trouver dans chaque épreuve ce qu'il y a de meilleur à prendre ou à apprendre et cela même dans le pire de ce qui peut nous arriver : parce que la vie est plus grande que l'on pense...**

**– Les plus effroyables malheurs doivent nous renforcer et faire de nous des êtres plus libres, plus forts et plus grands.**

**– Les plus formidables bonheurs doivent nous assagir et faire de nous des êtres plus justes, plus droits et meilleurs.**

**– Alors acceptons notre existence et trouvons-y notre chemin tel que la vie nous mène par l'épreuve, l'insuffisance ou par l'aubaine et l'abondance.**

**– Rappelez-vous que l'on vit non seulement ce que l'on croit vivre subjectivement, mais aussi objectivement : que croire change toute la vie !**

*- Devons-nous exclusivement aller vers ce que nous préférons dans l'existence ?*

**– S'il vaut mieux essayer de naviguer vers la rive que l'on affectionne ; si nous échouons, suivons finalement et après toutes les désillusions le flot de la vie, en nous relevant jusqu'aux Volontés de Dieu.**

**– On peut et on doit avoir confiance en la vie : D'ailleurs le plus juste des prêches est celui de la foi vivante en la vie que Dieu pourvoit.**

*- Cependant, aujourd'hui comment trouver le bonheur ?*

**– Voyons, écoutons, ressentons et trouvons-nous nous-mêmes, puisque nous sommes à la base de l'élévation et de notre bonheur.**

**– Parce que la vie est notre quête et c'est en réalisant ce pour quoi nous sommes faits que nous pourrons nous y accomplir en étant heureux et même parfois les plus grands parmi les bienheureux.**

**– Puisque nous nous y édifierons dans l'Être tant attendu d'ultime perfection et d'infinie bonté, cela jusqu'à atteindre l'immortalité.**

*- La volonté des hommes n'est pourtant pas toujours faite de bonté.*

**– Il ne faut pas confondre la bonté et le bien : en essayant d'instaurer ce dernier parfois nous nous éloignons d'elle, si nos esprits se pervertissent en oubliant le juste chemin et surtout en n'étant plus assez humbles.**

– **Et tout cela est arrivé, parce que certains n'ont pas encore perçu les intentions de Dieu que je révèle à présent.**

– **Ils ont tellement voulu le bien d'une partie, qu'ils en ont perdu de vue celui de l'équilibre de l'ensemble.**

– **Ce n'est pas du bien en tant que le Bien que nous sommes tenus d'établir : c'est aimer, malgré tout !**

*- Je n'ai toujours pas compris : Comment nous réaliserons le Royaume des cieux ?*

– **Le Royaume qui fut prédit par nos prophètes, nous le bâtirons de nos esprits, de nos mains et des ardeurs de nos cœurs.**

– **Alors, la meilleure façon de servir Dieu est de faire ce que vous savez et pouvez faire de mieux pour atteindre ce que nous devons être en la splendeur de nos âmes.**

– **Ce qui de toute éternité mènera certains parmi nous (comme les uns sur des centaines de millions) à être déifiés pour notre salut à tous...**

*- En sommes-nous responsables de nos actes ?*

– **Parfois la force de la Vie déborde en nous et peut nous faire commettre des fautes très graves, si elle n'est pas sainement et sereinement maîtrisée, justifiée.**

– **Par conséquent, nous sommes coupables de nos actes mauvais, injustes ou désespérés ; même si nous sommes des fois innocents de par l'intention.**

– **Cependant, nous pouvons aussi bien nous libérer, comme nous enchaîner à notre propre existence et c'est à nous qu'appartient de choisir cette destinée...**

– **"Et que surtout, comme Jésus qui est venu racheter l'humanité de sa vie, nous devons nous de la nôtre, tenter de faire de même pour atteindre notre propre salut."**

*- Sommes-nous libres alors ?*

**– Nous sommes libres de faire le choix et sachons que c'est lui qui fera ce que nous serons à la fin des temps.**

**– Alors restons libre quoi qu'il arrive, si nous voulons rester en accord avec Dieu.**

*- Et que devons-nous suivre comme ligne de conduite ?*

**– Cela a déjà été dit et nous n'avons qu'à aller vers les oracles de l'Amour pour l'entendre encore : Faisons le juste Bien, jusqu'au jour (le jour appelé le "Jugement dernier"), où nous aurons la sentence de notre âme par l'Âme.**

**– Mais avant cela, nous devrons connaître toutes les expériences : le malheur et le bonheur à vivre, l'amour et la haine, toutes les raisons et toutes les passions...**

**– C'est la seule route vers l'universel et l'absolu que nous recherchons tous.**

**– L'humanité devra donc tout avoir perçu, ressenti et connu pour parvenir enfin à communier avec Dieu.**

*- Les religions, devons-nous écouter leurs préceptes et qu'est-ce qu'elles doivent faire à présent ?*

**– Bien sûr, si elles respectent les volontés de Dieu pour la Vie.**

**– Il faut donc vouloir la bonté et la mettre en œuvre en faisant le bien, mais avec la bienveillance, la tolérance et l'ouverture de l'esprit juste...**

**– Alors, je dis aux religieux de toutes les confessions : Qu'il est temps de guider les peuples vers leur destinée pour que chacun dise ce qu'il a à son cœur ou ils ne seront plus dignes de son Amour.**

**– Et à vous, je vous dis : Si vous vous éloignez des religions, ne le faites pas de Dieu.**

*- Alors, que devons-nous faire par rapport à toutes les religions ?*

**– Lorsque nous serons totalement habités par l'Amour et elles doivent, c'est une exigence, nous y conduire : en ce jour, nous accepterons toutes les religions...**

**– Puisque nous serons l'Être nouveau !**

**– Puisque l'Amour est la plus grande des fois, la Foi de Dieu.**

## Cinquième dialogue : Savoir ce qui est...

*- Si j'ai bien compris tout ce qui a été dit : Il faut avoir une certaine confiance en l'humain.*

**– Nous le devons, si nous voulons parvenir à ce que nous sommes parfaitement : si vous n'avez pas confiance en vous-même, en l'humanité, c'est que vous n'avez pas la vraie foi en Dieu.**

**– Par ailleurs, tant que l'humain n'aura pas entièrement accepté sa propre divinité à venir, il ne pourra vraiment aller vers l'Être Dieu...**

*- Mais pour quelle raison dire cela ?*

**– Parce que Dieu est déjà au sein de la Vie et par conséquence de l'humanité.**

**– Ainsi, nous ne pourrons parvenir au faîte de notre gloire immortelle que si chacun est le meilleur de ce qu'il est jusqu'à sa splendeur.**

**– Puisque nous ne sommes qu'un avec Dieu : nous sommes individualité et Il est l'universalité...**

*- Qu'est-ce que cette dernière phrase signifie ?*

**– Que si nous serons immortels ; seul Dieu est l'éternel !**

**– Et aussi Dieu nous habite, puis lorsque nous croyons mourir ; Lui reste toujours vivant et nous en Lui, puisqu'Il est de Lui-même à la genèse de la Vie.**

*- Ce que J'aimerais comprendre : C'est pourquoi nous humains agissons comme nous le faisons ?*

**– Notre comportement avec la majorité de nos actes tendent vers ce but suprême qui est celui de devenir les Dieux vivants...**

**– Et nous agissons ainsi, puisque notre âme elle-même nous l'intime.**

**– Nous voulons aller dans tous les lieux, pour rejoindre Dieu dans l'omniprésence.**

**– Nous voulons faire par tous les pouvoirs, pour rejoindre Dieu dans l'omnipotence.**

**– Nous voulons connaître tous les savoirs, pour rejoindre Dieu dans l'omniscience.**

**– Mais par-dessus tout dans notre existence, nous souhaitons aimer et plus que tout être aimés : parce que Dieu est Amour !**

*- Dieu serait ainsi l'objectif de l'humanité.*

**– C'est juste ce que je veux dire : Nous accomplissons l'œuvre qui est la voie vers Être le Dieu.**

**– En conséquence depuis le début, nous voulons être la beauté : parce que Dieu est l'idéal même de la magnificence absolument parfaite.**

**– Nous voulons être de bonté : parce que Dieu est la promesse même de la bienfaisance la plus prodigue.**

**– Nous voulons être dans l'équité : parce que Dieu est l'assurance même de la justice la plus manifeste.**

**– Nous voulons être dans la lucidité : parce que Dieu est la source même de la clairvoyance la plus édifiante.**

**– Nous voulons être dans la sérénité : parce que Dieu est la conscience même de la sagesse la plus éminente.**

**– Mais encore, nous voulons avoir la vérité : parce que Dieu est l'évidence même de la justesse la plus certaine.**

**– Nous voulons avoir la liberté : parce que Dieu est le principe même de la délivrance la plus totale.**

**– Nous voulons avoir la prospérité : parce que Dieu est l'abondance même de la richesse la plus inestimable.**

**– Nous voulons avoir la félicité : parce que Dieu est l'espérance même de la béatitude la plus propice.**

**– Nous voulons avoir l'immortalité : parce que Dieu est l'essence même de l'Existence infiniment éternelle.**

*- Cela me fait comprendre beaucoup de ce que je ne parvenais même pas à envisager.*

**– En une phrase, je peux dire : Que chaque jour de sa vie depuis le début de l'humanité, l'humain travaille, s'épuise, se bat, se blesse, meurt, parce qu'il veut Dieu.**

**– Voilà pourquoi, aucune chose en ce monde ne peut nous satisfaire : puisque nous ne sommes qu'humain et que nos désirs sont presque divins.**

**– Et puis rien ne pourra empêcher le fils et la fille de l'homme et de la femme de rejoindre Dieu et de s'unir avec Lui au centre de la planète vivante.**

*- Tous les autres êtres vivants qu'auront-ils été ?*

**– Ils ne sont que des étapes, les étapes de la longue marche errante de l'Esprit magistral de la création, qui mène inéluctablement à l'apogée de l'homme et de la femme.**

**– De celui et de celle qui vont être réincarnés dans le sacre des Dieux de la Vie et ils en seront en nous alors transmutés de ce qu'ils sont.**

**– Et sache qu'avant nous tous les êtres vivants ont toujours voulu s'élever vers Dieu.**

**– En fait, il faut le savoir : La Vie Elle-même n'est qu'un mouvement allant vers Dieu.**

**– Et l'humanité a la responsabilité d'être à présent la nouvelle conscience dans l'alliance avec ce qui est l'Esprit de la Vie.**

*- Il y aurait donc une cause supérieure.*

**– Oui, au-dessus de toutes, mais que nous ne percevions pas encore : Et pour cette cause première, la Vie est apparue...**

**– Pour cette cause supérieure, les plantes se sont changées en fleurs magnifiques et certaines sont allées même jusqu'à devenir des arbres centenaires pour être comme immortelles.**

**– Pour cette cause supérieure, les animaux, des plus minuscules aux plus gigantesques se sont métamorphosés d'innombrables formes pour de la mer aller sur la terre et s'élever ensuite vers le ciel.**

**– Tout cela pour juste essayer d'être celui qui entrouvrira la porte de l'éternité...**

**– Puis c'est nous qui avons reçus les clefs et ce qui va changer : c'est que l'humain va devenir le maître de l'évolution pour qu'il puisse parvenir avec l'appui de Dieu à sa propre transcendantalisation.**

**– Je le dis à nouveau : L'humanité, elle s'élèvera jusqu'aux pieds de Dieu, puisqu'elle est la dernière étape sur le chemin de la Divinisation des vies qui l'auront choisie.**

*- Est-ce cela le vrai sens de la Vie ?*

**– La Vie est l'œuvre issue de l'envie de Dieu : ainsi vouloir vivre, c'est accomplir sa Volonté...**

*- Et comment pouvez-vous nous prouver l'existence de Dieu ?*

**– Tout simplement, en disant que la plus grande preuve que Dieu existe est que la Vie est ce qu'Elle Est et que nous sommes ce que nous sommes.**

**– À celui qui ne croit pas, je dis : Regarde l'évidence du sens de tout ce qui vit autour de toi et toi-même.**

**– Qui en est le créateur et d'où vient l'intelligence qui les guide, la volonté qui les anime, qui les élève depuis toujours et cela jusqu'à ce que nous en sommes devenus ?**

**– Qui a élaboré et développé les systèmes de la Vie : conçu les êtres et créé la quantité infiniment indéterminable de tous leurs gènes pour composer l'A.D.N. de toutes les vies qui existent ?**

*- Nous, qui sommes-nous vraiment ?*

**– En fait, nous sommes de Jésus, 'Jésus' qui veut aussi dire : Je suis !**

**– Nous serons de ce fait, le Miracle de la Trinité.**

*- Il me semble que ce n'est pas si facile.*

**– Cela le sera, quand tout va être totalement accompli et tu comprendras enfin, ce que voulait dire : "Ainsi soit-il !"**

*- Ce que je ne comprends pas : C'est pourquoi nous faisons le mal ?*

**– Nous faisons quelquefois le mal, parce que chez l'être humain la volonté essentielle d'être un Dieu est souvent plus forte que sa sagesse ou sa miséricorde.**

**– Celui qui veut le bien de son engouement pour atteindre les voies divines presque inaccessibles peut fréquemment faire fausse route à la recherche de son idéal, perdu sur les chemins de l'interminable espérance...**

**– Et ces fausses routes le mènent au mal par l'excès et à sa perte, s'il n'accepte pas humblement d'être encore qu'un homme ou une femme au bout de tous ses contentements et accomplissements.**

*- Certes, mais il y a des êtres destructeurs qui font le mal.*

**– Tout ce qui a été fait et ce qui est fait ou sera fait de bon dans notre monde, a édifié, édifie ou édifiera l'œuvre.**

**– Et même ce qui a été, est ou sera fait de mauvais l'a grandi, grandit l'œuvre ou la grandira aussi d'un peu finalement, en indiquant que le juste chemin est surtout ailleurs.**

**– Même si le mal fait aux victimes, c'est Dieu qui en souffre également par notre corps et en notre esprit : parce qu'Il est à l'intégralité de ce que nous sommes en nous-mêmes.**

*- C'est difficile de comprendre quel est notre propre but individuel dans tout cela.*

**– Sache que chacun a sa mission : souvent le bien et quelquefois le mal, parce que les gouffres de la perdition doivent aussi être explorés.**

**– Disons que nous sommes parfois des explorateurs de l'absurde, de l'horrible et du dérisoire pour en définir l'essentiel de la justification : car il faut la discerner pour tracer le contour de notre total aboutissement existentiel.**

**– Le néant et le chaos vont être les réceptacles de la bénédiction d'éternité qui sera alors accordée un jour à ceux qui voudront la recevoir et cela pour toujours.**

*- Alors comment faire le Bien le plus justement, quel chemin suivre ?*

**– Il faut d'abord trouver la vraie voie que l'humanité se doit d'emprunter et il me faut le répéter, par et pour l'adoration de Dieu.**

**– Et il est facile de se rendre compte : "Que c'est celle de l'amour de l'autre, ainsi que de soi-même qui est la plus juste."**

**– Alors trouvons-y toute la justesse de notre discernement le plus clairvoyant et bienveillant, car il est le plus sûr moyen de servir la compassion inconditionnelle qui doit embraser nos cœurs.**

*- Mais il y a le mal que nous n'arrivons pas à combattre et il est partout.*

**– Si nous le voyons fréquemment au lieu de voir le dessein de Dieu, c'est que notre cœur n'est pas encore assez pur et notre esprit assez clair.**

*- Mais il existe et nous ne pouvons l'empêcher parfois.*

**– Le mal survient parfois pour apporter le meilleur.**

**– Ce n'est pas en faire l'apologie que de dire qu'il nous renforce et nous purifie de notre inhumanité.**

**– Et les criminels, nous font honnir le meurtre.**

**– Et les voleurs, nous font détester le vol.**

**– Et les maudits, nous font haïr toute la haine que nous déversons quelquefois sur ce monde.**

– Voilà le mal nécessaire : bien que combattons-le quand même sans découragement, ni lassitude, sans renoncement ou faiblesse pour qu'il nous permette d'aller vers le meilleur de ce que nous sommes.

– Le chagrin, la peur, la souffrance et la haine sont les aliénations que nous devons dépasser pour que s'ouvre enfin le ciel de la sainteté qui est notre destinée.

*- Et les voies de Dieu sont-elles impénétrables, comme l'on dit ?*

**– Elles ont été impénétrables, mais ne le resteront plus longtemps, puisque nous sommes de sa chair et de son sang, comme de sa conscience illimitée.**

– Aujourd'hui ses pensées sont déjà nos rêves les plus sacrés ; elles deviendront bientôt les révélations qui iront jusqu'à nous transcender bien au-delà de notre humanité...

*- Sommes-nous pour autant comme Lui, des créateurs ?*

– Oui, nous sommes les plus grands créateurs : nous humains sommes des êtres de Dieu qui est en nous l'Être de sa création.

– Nous le bâtissons son Royaume pour Lui rendre gloire et Il sera l'infinité, l'absoluité et l'universalité de toute la Vie.

*- Et la science, à quoi sert-elle exactement ?*

– Les scientifiques qui cherchent à comprendre l'inconnu, en vérité recherchent Dieu, sans presque le savoir : car l'inconnu est une partie du tout et Dieu est finalement au bout de tout, juste au-dessus de l'indéfini.

– Les hommes et les femmes de science ne sont que les oracles laborieux qui nous révèlent l'œuvre vivante du Dieu.

– Et Lui, respire, s'étanche, se sustente et grandit de la Vie, depuis toutes les vies...

**– Il s'accroît pareillement des évolutions de notre existence qui est dans le mouvement complexe des vies d'aller vers le plus d'exister et de s'élever.**

*- Mais parfois la science contredit la religion.*

**– Il n'y a rien dans la science qui conteste ou annihile Dieu : bien au contraire, elle le révèle toujours plus de sa vision exponentielle.**

*- Et comment va-t-elle nous amener à réaliser notre destinée ?*

**– Si nous avons la science pour nous permettre d'avancer, d'explorer et de franchir jusqu'au-delà de la grande Vie, elle doit être guidée par les lumières de l'Esprit en la sainte ascendance de l'Âme.**

**– Il ne faut pas oublier qu'elle n'est que la masse des règles de la matière et que ce ne sont pas elles qui peuvent définir ce que sont les êtres, puis surtout ce que va être l'Être.**

**– C'est l'âme par l'esprit qui façonnera les nouvelles nativités qui amèneront les corps à l'élévation génésiaque des Dieux.**

*- Et l'art, à quoi sert l'art ?*

**– À embrasser d'un regard semblable à celui du Père toutes les perspectives de l'admirable vision de notre âme : ce que nous parvenons si peu à percevoir au travers de nos yeux d'enfants confus et éblouis.**

*- Ce que je ne comprends pas non plus : C'est pour quelle raison l'humain veut dominer ?*

**– L'humain veut être le dominant des esprits : parce que Dieu pourrait en être le maître (s'Il le voulait).**

**– Par la religion, par la philosophie, par la politique, nous cherchons à contrôler les croyances, mais cela nous est la plupart du temps inaccessible : puisque nous irions contre la Volonté de Dieu de nous vouloir libres.**

**– Et que seule la liberté nous permettra de trouver et de suivre le chemin du Juste pour arriver à Lui.**

**– Par ailleurs, tant que nous ne nous laisserons pas écouter nos cœurs de bonté, nous ne convaincrons pas nos frères et sœurs de notre vérité.**

**– C'est pour cela que lorsque nous disons la morale avec l'esprit de l'homme, elle n'est pas juste : car nous devrions la dire avec l'Esprit de Dieu, miséricordieux.**

**– Et si Dieu nous a donné notre libre arbitre, alors aujourd'hui libérez-vous et délivrez toute la Divinité qui est en vous.**

*- Je pense que ce qui a été dit, va changer ma vie, même si je n'en perçois pas encore toute la signification.*

**– J'espère et c'est si simple, parce qu'il n'y a qu'un ultime objectif à atteindre : Dieu !**

## Sixième dialogue : Vouloir ce qui est révélé.

*- Que doit-on faire à présent ?*

**– Il nous faut vouloir vraiment, réellement, avec certitude et comme une évidence tout ce que nous nous révélons chaque jour.**

**– Cherchons alors à nous révéler les plus Justes des grandes Volontés de Dieu avec l'intelligence instinctive venant de la Foi.**

*- C'est-à-dire ?*

**– Tout ce que nous parvenons à comprendre de la Vie, nous apporte de la puissance et cela doit devenir à chaque fois un nouveau pouvoir pour accomplir les missions qui nous mèneront à l'élévation vers Dieu.**

**– Toutes les connaissances doivent nous ouvrir les portes de notre prédestinée : celles de la liberté, de la félicité et jusqu'à l'éternité.**

**– Peu à peu, tout sera révélé et alors tout sera en notre faculté, puis tout nous sera presque possédé...**

*- Quand viendra ce qui va être révélé ?*

**– Cela a déjà commencé à être révélé depuis le début et chaque jour cela continue, jusqu'au jour !**

*- C'est le jour de l'Apocalypse dont vous parlez et quelle est sa signification ?*

**– Le jour de l'Apocalypse veut d'abord dire : Le jour de l'extrême discernement et encore de l'ultime entendement.**

**– Ce jour viendra et ce sera le jour dernier, auquel succédera le premier jour, le jour de toujours.**

*- Et de quelle façon parvenir à découvrir ce qui nous donnera ces pouvoirs ?*

**– Il suffit juste de croire et de le vivre !**

**– Parce que celui ou celle qui croit et le vit, découvrira toutes les vérités.**

**– Parce que celui ou celle qui croit et le vit, acquerra toutes les capacités.**

**– Parce que celui ou celle qui croit et le vit, recevra toute la liberté.**

**– Parce que celui ou celle qui croit et le vit, incarnera toute la bonté et aussi la beauté.**

**– Parce que celui ou celle qui croit et le vit, bénéficiera de toute la félicité.**

**– Et au-delà, celui ou celle qui croit et le vit, vaincra la mort sur la voie vers l'éternité.**

**– Puisque celui ou celle qui croit et le vit, atteindra toute sa Divinité au-delà de l'humanité.**

*- Qu'est-ce qu'il faut croire ?*

**– Il suffit de croire en ce que nous sommes : Fils et Filles du Divin.**

**– De croire en la Vie comme étant l'odyssée où nous serons sacralisés dans notre accomplissement humaniste et christique.**

*- Qu'est-ce que la foi en Dieu ?*

**– La foi pour nous, c'est être sûr que Dieu est avec nous : qu'Il nous protège, nous soutient, nous guide pour toujours et qu'Il ne nous abandonnera jamais.**

**– Mais aussi qu'en chacun de ses souffles et en chaque de nos actes qu'ils portent, nous allons nous vouer de par toute notre unicité à la cause qui doit être la plus élevée.**

*- Quelle doit être cette cause ?*

**– En notre âme et conscience : elle nous appartient pour chacun de nous, qu'à nous seuls.**

**– Mais elle doit servir la Vie (en étant à la recherche perpétuelle de la vérité la plus fondée) et même si elle est dérisoire, elle en deviendra alors indispensable au regard du très haut.**

*- Et où trouver cette vérité ?*

**– Éventuellement au bout de tous nos doutes : car là, peut être le miroir qui reflète une part de la vérité que nous n'avons pas encore perçue.**

**– Ainsi, que notre certitude soit de croire en ce qui nous rapproche le plus de l'éclatante vérité qui est l'essence de la foi.**

*- Les religieux qui nous proclament leurs dogmes, peut-on avoir confiance en leurs prêches ?*

**– Oui, mais sachez qu'ils ne sont que des hommes et qu'ils ne peuvent donc posséder seuls toute la Parole de Dieu.**

**– Sauf que certains parlent au nom de Dieu en se cachant derrière Lui pour instaurer (parfois même malgré eux) des ères d'obscurantisme, de tristesse et de violence, souillant par la même leur propre religion.**

*- Pourquoi font-ils cela ?*

**– Ils ont peur et la peur mène inlassablement à la perte.**

**– La foi, elle est l'opposée de la peur : elle est la certitude que nous serons sauvés, même si nous semblons perdus...**

*- Et où la trouver ?*

**– Elle est d'abord dans l'envie de vivre la Vie : ainsi que souvent dans les actes qui en découlent, puis dans les vues, les sons et même les goûts qui la suscitent, comme aussi dans les caresses de l'existence.**

*- Que penser de la morale des religieux ?*

**– Qu'ils doivent aimer avant de faire la morale : une morale n'est vraiment juste que si l'on aime ceux à qui on la présente.**

*- Que croire de ce qu'ils nous disent ?*

**– Ce que nous voulons véritablement croire.**

**– Même si souvent, ils nous donnent des vérités que nous refusons par méfiance, quelquefois lâcheté et faiblesse surtout.**

*- Alors, doit-on respecter les rites des religions ?*

**– Si nous acceptons de suivre les rituels religieux : sachons qu'ils sont là pour que nous nous sentions plus proches de Dieu et que nous soyons plus forts de Lui en nous-mêmes.**

*- Certains diront que vos paroles veulent détruire les religions.*

**– Sache que je ne suis l'opposant d'aucune religion...**

**– Je suis celui qui est venu les réunifier en une seule vérité : celle des Dieux de la Vie éternelle.**

**– Et j'annonce la tempête qui arrive et les fera se dresser en une seule vérité universelle et on ne pourra rien contre le vent qui va souffler.**

*- Et parlez-vous au nom de Dieu ?*

**– Moi, je ne parle qu'en mon nom : pourtant, je révèle les Paroles de Dieu qui sont en moi, en nous tous.**

*- Que pouvez-vous encore nous révéler sur Dieu ?*

**– Je l'ai déjà dit : Dieu n'est pas un être ; Il est l'Être, Il est de tous les êtres vivants, dont nous sommes.**

**– Il est en moi, comme Il est en vous, en nous tous et toutes : ainsi nous détenons une partie de son savoir et de son pouvoir.**

– Et si je suis en Lui, comme nous le sommes tous : nous y sommes uniques, comme les cellules de notre corps sont ce qu'elles doivent être en chaque partie de nous, être ce que nous sommes en étant unies pour nous constituer.

– Alors Dieu génère le souffle de nos vies parce qu'Il est également la Volonté de tout ce qui existe...

– Ainsi, Il veut par les volontés unifiées dans l'essor de sa grandeur que nous allions vers nous, c'est-à-dire, Lui.

*- Qu'est-ce que la perfection que l'on recherche tous ?*

– La perfection n'est pas en ce monde aujourd'hui, il faut se contenter de son éclat.

– Et pour un seul de ses scintillements nous sommes prêts à notre sacrifice.

– Car même si quelque chose peut être parfait à l'équilibre d'un instant : nous en voulons la vision suprême, celle qui est dans le regard de Dieu.

– En ce qui nous concerne : nous serons parfaits en notre Être transcendant que lorsque nous serons libres de tout et même des conditions de l'existence terrestre.

– Puisque nous n'aurons plus besoin d'être éprouvés, de souffrir et de mourir pour évoluer...

*- Et comment se révéler l'Esprit saint ?*

– En regardant en direction de la lumière de la Vie : celle qui brille pour la destinée des Élus.

– Alors toute l'illumination de la parole de vérité est en face de nous et peu à peu nous voyons apparaître l'évidence de l'absolution en soi menant à la justification.

– Puis quand le corps meurt, nous allons dans le recueillement de l'absolu, si nous sommes parvenus à entrer en lien avec l'Esprit saint...

*- La parole de vérité, quelle vérité ?*

**– Toute la vérité, elle doit être la religion de l'existence.**

**– Et ce qui est vrai, c'est que l'humanité dans sa majorité la reconnaît de plus en plus (parfois sans la nommer) : puisqu'elle seule apportera la sainte édification...**

**– Comme les grandes prédictions et les Paroles du Christ sont celles qui nous sauveront malgré nous, parce qu'elles proviennent de l'éclatante vérité.**

*- Mais qu'est-ce que la vérité ?*

**– Ce que nous percevons n'est pas la grande vérité : parce que notre véritable vérité va vraiment provenir de l'affirmation ainsi que de sa négation même ; dès qu'elles pourront être unies ensemble dans toutes leurs complémentarités de sa prophétie.**

**– Bien que la plus grande réalité a été, est et sera que la Vie existe et l'Esprit à travers Elle.**

**– Et seul ce qui la fait triompher, mène à l'évidence certaine de notre existence.**

*- Et qu'est-ce que la spiritualité ?*

**– C'est choisir l'objectif de Dieu, plutôt que les tumultes, les pertes et les impasses du monde...**

*- Et qu'est-ce que la sainteté ?*

**– La plus grande des saintetés, c'est aimer, avant tout Aimer.**

**– Parce que c'est en aimant sans arrêt toujours et encore, puis à nouveau que nous nous rapprocherons le plus du saint Esprit.**

*- Doit-on en devenir un martyr ?*

**– Nous sommes comme Jésus le Fils de l'homme : "Les fils et filles de Dieu qui doivent aller au bout de notre chemin de croix et mourir crucifiés par la vie, pour comme Lui prendre sur nos épaules des péchés du monde."**

**– Il nous faut parfois perdre notre chair, notre sang et même de notre esprit pour accomplir les actions qui grandiront le Royaume de Dieu.**

**– Et le sang versé de Jésus-Christ par l'implacable crucifixion a apporté l'ivresse à l'humanité jusqu'à la fin des temps.**

*- Et pourquoi ne pouvons-nous pas faire les mêmes miracles ?*

**– Parce que notre foi n'est pas assez grande : ceux qui ont la Foi font aussi des miracles...**

*- Et les plaisirs sont-ils le péché ?*

**– Je demande : N'y a t'il pas assez de souffrance dans la vie pour se refuser la jouissance ?**

**– Alors, je dis : Le plaisir n'est pas le mal, il n'y a que faire souffrir ou vouloir souffrir (sans la Foi) qui le soit.**

**– Même si nous devons nous souvenir que les plaisirs peuvent conduire à souffrir dans l'excès de la licence ; car ils peuvent nous enchaîner, ainsi que nous faire perdre le goût merveilleux de l'extase en empoisonnant le corps et l'esprit.**

*- Le recherche du plaisir peut-il quand même être un mode de vie ?*

**– La recherche seule des plaisirs ne doit pas passer avant la mission de nos existences ou alors nous ne serons jamais satisfaits : car le plaisir seul n'étanchera pas notre soif d'absolu.**

**– Aussi souvenons-nous toujours : Que seulement si nous faisons de ce que nous sommes, nous apercevrons la béatitude.**

**– Voilà pourquoi, nous devons vivre ce que Dieu nous amène à vivre : que ce soit le bonheur ou le malheur, pour y exister, nous y révéler et pour nous y élever.**

*- La charité chrétienne, qu'est-ce qu'elle doit être ?*

**– "Donnez, donnez tout ce que vous pouvez à qui le demande, sans ne rien redemander à celui qui reçoit ou même qui vous prend."**

**– C'est le don de soi qui est la plus élevée des grandeurs.**

**– Et faites-le vous-mêmes d'abord, avant de demander aux autres de donner ou de faire à votre place.**

*- Est-ce cela être bon ?*

**– Être bon ce n'est pas que faire le bien ; c'est faire le Bien pour la juste cause.**

**– Parfois dans le bien en apparence, il y a du mal ; si l'on ne voit pas la Justesse de Dieu et si l'on juge et condamne sans sa compassion.**

**– Il vaut mieux être juste et être Juste c'est choisir la voie de l'Amour universelle : en fait, c'est Elle qui apporte la paix, l'abondance et même la réussite...**

*- De quelle manière empêcher les conflits, les attentats, les guerres et leurs fatalités ?*

**– En étant forts et valeureux, mais aussi prévoyants et équitables de générosité ; alors nous pourrons en éviter le plus grand nombre en oubliant la crainte et en gardant la foi.**

*- Alors concrètement, quelle décision devons-nous prendre maintenant ?*

**–Dieu est en ce que nous sommes et sera à nouveau dans l'Être que nous nous devons d'accomplir jusqu'en nous-mêmes, quand nous Lui serons consacrés.**

**– À présent, nous devons agir pour servir notre propre gloire et la sienne, en étant Justifiés par nos sacrifices, cela jusqu'à ce qu'Il soit le Roi régnant de notre résurrection.**

**– Après si nous ne pouvons faire autrement, transformons chacun de nos vacillements ou trébuchements à chaque pas du chemin sans fin en un hymne à notre foi.**

**– Et devant toute difficulté qui nous adviendrait, cherchons ce qu'elle porte en elle de plus bénéfique pour nous surpasser d'autant plus encore.**

**– Ainsi, il faut faire ce que nous sommes venus faire et surtout vivre, nous qui n'avons le temps que de vivre.**

**– N'abandonnons aucun instant à notre faiblesse ou à nos peurs et nous forgerons notre sort en triomphant de la mort.**

*- D'accord, mais vers quelle direction se diriger pour atteindre l'objectif ?*

**– Nous pouvons suivre les règles fondamentales de la Vie pour les comprendre, tout en sachant que nous allons en devenir les précepteurs.**

**– À partir de la vision complète de ses fondements, nous pouvons nous rapprocher du savoir absolu : si je connais les principes de la vie et quand j'ai compris les plus simples ; je peux comprendre les règles les plus complexes de l'Univers.**

**– Et nous devrons à notre tour être les concepteurs de nos nouvelles vies...**

*- Et où est ce dessein supérieur ?*

**– Devant nous : il faut savoir que le modèle est dans l'œuvre de Dieu.**

**– Il est là, devant nos yeux, au bord de nos oreilles, à porté de nos mains et principalement au centre de notre esprit, au plus profond de notre âme à tous.**

## Septième dialogue : Aimer est le pouvoir !

*- Je voudrais savoir, qu'est-ce que le pouvoir ?*

**– Le plus grand des pouvoirs, c'est avant tout et par-dessus tout, Aimer : c'est l'Amour qui est le pouvoir absolu.**

**– Aimez tout ce que vous arrivez à aimer et vous aurez rempli votre existence par delà ce que vous avez à faire.**

*- C'est-à-dire : Comment être plus fort que ses ennemis ?*

**– Ne pas, ne plus avoir d'ennemi : faire de ses ennemis des alliés et nous en serons invincibles à la fatalité de la haine.**

**– Car on est plus fort par ce que l'on aime que parce qu'on hait.**

**– Car on est plus fort par ce que l'on donne que parce qu'on prend.**

**– Car on est plus fort par ce que l'on crée que parce qu'on détruit.**

**– Aimer est la force suprême que nous attendons ; pendant que continuer à haïr n'apporte que rancœur et même douleur pour tous.**

*- Et si quelqu'un nous agresse, nous trahit, nous vole ou nous ment.*

**– Alors il faut se lever et se défendre le plus justement possible, sans les excès de violence, la rage de la colère ou la bêtise de l'humiliation : "Pardonnez à vos ennemis et priez pour ceux qui vous haïssent et vous insultent, disent du mal de vous."**

**– La seule chance c'est celle du pardon : car lui seul ouvre la porte à toutes les réconciliations qui nous permettent d'apporter à la vie son apaisement.**

*- Mais on ne peut pas toujours aimer tout le monde.*

**– Sûrement, si on essaye seulement d'aimer la partie divine qui est en chacun de nous.**

*- Alors, que faire pour aimer vraiment ?*

**– Il n'y a qu'à suivre la voie du Christ qui est le véritable pouvoir : c'est seulement ses enseignements qui nous offrent la plus grande des forces.**

**– Parce que c'est la seule certitude, c'est la seule attitude qui nous permette d'être dans la conscience et aussi l'efficience la plus complète.**

**– "Il suffit de s'aimer, d'aimer ceux qui nous aiment bien sûr et même ceux qui ne nous aiment pas."**

*- Comment cela ?*

**– Qui est le plus reconnu aujourd'hui : César ou Jésus ?**

**– C'est Celui qui est le messager de l'Amour et Il est éternel : parce qu'il n'y a qu'à Aimer la Vie sans limite pour être vainqueur de la mort.**

**– Alors, si l'on croit, on ne peut pas dire que Jésus a vécu : mais qu'Il vit !**

*- L'amour a un tel pouvoir...*

**– La force de l'Amour absolue surpasse tout ce qui fut, est et sera, parce qu'Elle est le principe même de la Volonté de Dieu.**

**– Depuis toujours, Elle est la force divine à notre porté : aussi bien pour remplir les missions de notre existence que pour transmettre ce que nous sommes par notre descendance...**

*- Que voulez-vous dire par là ?*

**– Aimer une femme, aimer un homme, transmettre la vie à l'enfant pour que vivent et que grandissent nos filles et nos fils...**

**– Voilà le premier pouvoir de Dieu que nous possédons déjà : celui de donner la vie !**

**– Et utilisez-le : car le monde est à ceux qui seront là !**

*- En soi, qu'est-ce que l'amour ?*

**– L'amour est le sentiment le plus important pour l'humanité, de même qu'à leurs manières pour les autres êtres vivants : car lui seul peut aujourd'hui vraiment s'opposer au trépas du corps par la conception de la vie.**

**– Elle est le sens impérissable du fondement de l'âme humaine.**

**– Mais il y a aussi l'Amour qui est l'exaltation la plus essentielle, la plus puissante et Elle seule mène définitivement par la sanctification à la Vie éternelle.**

*- Et que dire de la sexualité ?*

**– Que comme je l'ai déjà dit : L'acte charnel est celui de la vie qui abolit également la mort.**

**– C'est pour cela qu'il est notre tentation la plus forte et qu'il ne faut pas le dépraver ou l'avilir.**

*- Faut-il confondre amour et sexualité (ce n'est pas ce qu'enseignent les religions) ?*

**– La faute des religions est de vouloir séparer le corps et l'esprit ; là qu'il faut les réunir, pour que puisse s'exprimer l'Âme de l'Existence.**

**– D'ailleurs l'amour, l'Amour vraie ce n'est pas qu'admirer un visage, un corps uniquement ou une intelligence exclusivement : c'est plus que tout Aimer l'autre âme.**

*- Pourquoi avons-nous ce besoin d'aimer et d'être aimé ?*

**– Aimer l'autre, c'est adorer la part de Divinité incarnée en chaque humain : c'est l'Amour de Dieu à travers l'homme ou la femme.**

**– Et le besoin d'être aimé : est le besoin d'être pour l'autre une part de ce Dieu de l'humanité.**

**– Je le dis : Quand on aime, c'est en ce que nous sommes de plus divin qui aime l'autre partie du Dieu vivant.**

*- C'est si important !*

**– Je le déclare : l'Amour universelle est la seule véritable morale qui vaille et toutes les paroles de l'Amour sont sacrées.**

**– Elle porte toutes les passions et peut mener finalement à toutes les raisons, si Elle en devient sage de par sa mansuétude inépuisable...**

**– Elle est l'unique message du Messie et aucune religion n'est plus sacrée que celle de l'Amour.**

*- Est-ce la raison pour laquelle l'amour exalte le monde entier ?*

**– C'est la seule élévation certaine qui nous conduit à l'aboutissement de toutes nos vies, jusqu'à la ré-incarnation dans le Dieu à la renaissance éternelle que nous serons...**

**– Ainsi, il faut que nous soyons dans l'Amour de soi et de l'autre pour clairement apercevoir et enfin faire aboutir l'incroyable destin céleste de l'humanité.**

*- Et qu'est-ce que l'Amour chrétien ?*

**– Dans l'Amour on se perd et on se trouve à la fois : c'est notre unique grandeur et nous devons nous y sacrifier, pour comme Lui mieux pouvoir en ressusciter.**

**– Lorsqu'un jour, l'Un d'entre nous a connu l'Amour pure : Il fut alors si grand et si puissant, qu'Il a pu faire les miracles de guérir n'importe quelle maladie et même ramener de la mort parmi les vivants.**

**– Et rien ne pourra nous apaiser, nous assouvir, nous rassasier ; nous l'animal conscient de la Divinité de son Âme, que de suivre et de rejoindre le Messie de l'Amour...**

*- Que penser de la jeunesse et de la vieillesse ?*

**– La jeunesse est une grâce qui parfois peut perdre, si elle n'est pas éclairée de la lumière des légitimes et saintes paroles.**

**– Pourtant, ayons confiance en nos enfants : car ils feront ce que nous ne pouvons même pas encore imaginer...**

**– À l'inverse, la vieillesse est une déchéance au bout de la vie et nous le savons : mais après la mort, il peut y avoir l'entrée dans la Vie éternelle et cela nous devons en être sûr.**

**– Même si la mort est aussi la justice de Dieu pour nous tous et peu importe qui nous sommes : que nous soyons riches ou pauvres, célèbres ou inconnus (les premiers ou les derniers ici).**

**– La mort sera jusqu'à ce que nous soyons dignes de Lui.**

*- Certains disent : "Que la Vie éternelle n'existe pas et que l'esprit meurt."*

**– Ceux qui ne croient pas, auront ce qu'ils ont cru : c'est-à-dire, rien d'autre que la mort.**

**– Vous aurez ce que vous avez cru...**

*- Justement qu'est-ce que la Vie éternelle ?*

**– C'est le choix de ceux qui vivent dans la Foi et la Passion du Christ : "Qui vit et croit en moi, atteindra la Vie éternelle !"**

**– C'est le choix de ceux qui mettent leur âme, l'Âme aux commandes de leur vie...**

**– Juste mourir au bout de sa vie et être de l'Éternel au travers du firmament de la Vie.**

**– Même si nous devons l'atteindre, ce n'est pas l'immortalité qui sera la plus importante ; c'est la résurrection qui mène à l'éternité qui va l'être.**

**– C'est là que nous nous incorporerons, que nous nous incarnerons dans les transfigurations de nos corps célestes qui vont apparaître du Dieu vivant : comme les Anges et les Archanges.**

*- Qu'est-ce que le Dieu vivant ?*

**– C'est le Dieu de ceux qui prêchent la vie plutôt que la mort et qui ont décidé de la vaincre.**

**– C'est Celui de ceux qui préfèrent l'Amour de toute éternité, plutôt que d'accepter la haine de certains de ces jours qui est sur le monde.**

**– C'est l'existence transcendée par la Volonté du Divin, comme le sera la nôtre pour faire naître l'Enfant de la perfection...**

*- Je voudrais aussi reparler de ce qu'est le bien et le mal.*

**– L'on peut faire émerger le mal depuis ce qui est le mieux sans amour et découvrir le bien dans le pire avec l'Amour comme devise.**

*- Certains disent que si Dieu existait, Il ne laisserait pas faire toutes ces souffrances.*

**– Nous devons apprendre à combattre le mal et grandir de nos erreurs, dont les douleurs, dont les pleurs ne sont que les apprentissages qui nous mèneront vers le chemin de notre gloire pour le rejoindre le jour venu.**

**– De plus, Dieu a voulu l'homme et la femme libre : alors apprenons à maîtriser, à ériger, à dispenser la liberté en grandissant de nos errements et en nous édifiant.**

**– Dieu nous suggère pourquoi nous devons le faire et c'est à nous d'être élicités, pour trouver la manière de le mettre en œuvre...**

**– Nous serons donc à l'accession de l'accomplissement de son règne : parce que c'est à travers nous qu'Il a aussi choisi d'être éternellement vivant.**

*- Mais en quoi la souffrance nous aidera à être comme un Dieu ?*

**– Pour devenir un Dieu, il faut d'abord acquérir la sagesse de l'Amour.**

**– Et l'Amour grand ne s'acquière que par avoir vécu ce que les plus malheureux et souffrants d'entre nous ont vécu.**

**– Il faut donc avoir souffert comme un homme ou une femme sur terre...**

*- Et il y a des crimes d'une terrible cruauté.*

**– Je l'ai dit : Ils servent à nous mener vers ce qui est le plus juste (même si cela ne les excuse jamais), en nous éloignant de ce qui les provoque et en nous évitant de tomber avec ceux qui les perpétuent jusque dans leur perte.**

**– Et les enfants tombés sous les coups des criminels sont des innocents qui rachètent l'humanité par leur sacrifice en la changeant à chaque fois d'un peu : ils ne sont pas nés pour rien et ne meurent pas pour rien...**

**– Mais c'est pour la cause supérieure à notre simple vie humaine : alors imprégnons-nous d'abord d'elle pour remédier aux malheurs de nos destinées.**

**– C'est nous qui sommes investis de son esprit, ainsi il nous incombe la responsabilité d'en porter la charge et de l'annoncer à tous.**

*- Cela veut-il dire que c'est comme un châtiment ?*

**– Il n'y a pas de châtiment divin ; il y a que nos propres fautes.**

**– Et nous ne serons pas punis pour ce que nous avons fait, mais par ce que nous faisons.**

*- Le pouvoir de l'argent n'est-il pas le plus puissant de tous ?*

**– La richesse n'est pas dans ce que l'on possède, mais dans ce dont on a besoin et qui nous satisfait pleinement.**

**– Tout nous est déjà donné et il faut apprendre à en tirer le meilleur, même de peu : faire, mais aussi se satisfaire beaucoup avec le moins est le plus profitable.**

*- Mais l'argent donne le pouvoir et la possession de tout ce que l'on désire.*

**– Prends le plus riche d'entre nous et dis-moi ce qu'il gardera comme possession après son départ.**

**– Prends le plus puissant d'entre nous et dis-moi ce qu'il gardera comme pouvoir après son départ.**

**– La seule chose qui restera après notre trépas, est ce que nous réalisons chaque jour qui passe et ce que nous aurons découvert.**

**– Certains puissants seront faibles, effrayés de leurs propres trahisons devant leur mort ; comme de petites gens seront renforcés de leur vie digne.**

**– Le plus important est ce que nous aurons accompli de notre vie et ce que nous aurons créé et laissé...**

**– Et surtout, l'amour que l'on y aura donné, comme celui qui nous aura été accordé.**

**– Rien ne sert d'amasser : avant tout, il faut vivre, il vaut mieux vivre ; vivre nos vies pour apprendre, être édifié et s'élever...**

**– Vis et fais ce qu'il est important de faire pour le Dieu de l'humanité (voilà le nouveau commandement).**

*- Pourtant, ne doit-on pas tous essayer d'atteindre le meilleur niveau social ?*

**– L'erreur est de croire que le bonheur est au sommet d'une montagne et qu'il suffit de la gravir au bout de sa vie pour l'atteindre.**

**– Parce que seul ce que l'on vit a vraiment de l'importance : c'est vivre chaque jour, l'ascension en elle-même qui peut être notre contentement.**

**– Ainsi la satisfaction de vivre sur les chemins auxquels Dieu nous destine est notre plus grand bonheur.**

*- Alors que dire aux puissants de ce monde qui se sentent supérieurs à tous ?*

**– Aux puissants, il leur sera demandé plus même que ce qu'ils peuvent faire, puisqu'ils auront reçu ou pris le plus.**

**– Alors dites-leur qu'avant de se croire supérieurs, ils doivent faire les merveilles de la Vie au service de l'ensemble de l'humanité.**

*- Aussi que dire à ceux qui dénigrent, méprisent, insultent et qui sont si nombreux ?*

**– Je leur dirais : Vous semez la haine et moi, je sème l'Amour.**

**– Et mon Amour poussera sur la décomposition de votre haine, comme les fleurs poussent sur les friches abandonnées après les destructions.**

*- Par conséquent, qu'est-ce qui importe le plus dans la vie ?*

**– Avoir principalement un objectif essentiel et primordial à accomplir.**

**– Ne jamais oublier que chaque instant est unique : qu'il soit banal ou exceptionnel et qu'il soit agréable ou même douloureux, il est là pour que nous le vivions...**

**– Alors il faut vivre sa vie, toute sa vie, en le faisant pour la Vie.**

*- Concrètement comment faire ?*

**– Vis pour la plus grande de tes espérances et ne te laisse pas corrompe par l'influence des temps, n'accepte que la clairvoyance qui vient en pensant à l'éternité.**

**– Ce qui veut dire : Vis pour être ce que tu dois être de toute ta volonté et remplis la mission de ton existence en faisant ce que tu es venu faire...**

**– Mais demandes-toi aussi quels seront les résultats de tes actes et ne fais que ceux qui te permettent de t'aimer vraiment.**

**– Et sachons que les choses sont ce qu'elles sont, parce que l'on accepte uniquement qu'elles le soient !**

*- Sommes-nous faits pour être heureux ?*

**– Si tu n'es pas épanoui ou serein, c'est que tu n'es pas ce que tu dois être : sois en accord avec ton âme et tu seras bienheureux.**

**– Nous ne sommes pas seulement faits pour être heureux, mais à la fin de tout pour être les bienheureux, selon la résolution de Dieu.**

*- Comment être tout simplement bien dans la vie ?*

**– Aime d'amour sans limite, pour l'Amour de Dieu, par l'amour de l'humanité...**

**– En s'aimant à travers les autres (surtout si l'on trouve l'âme sœur) pour établir et servir la majesté de la Vie sur nos existences, avec tous ceux qui le veulent.**

**– Rencontrer Dieu c'est d'abord, souvent trouver des femmes ou des hommes à aimer et donner la vie, tout simplement.**

**– Et il y a l'autre voie pour aller à Dieu qui est celle de l'adieu à ce monde par delà la mystique, en s'élevant de l'âme par la contemplation ainsi que l'adoration de la Vie.**

**– L'amour, rien ne remplace, rien n'efface, rien ne surpasse l'Amour !**

**Philippe de l'Esprit du Juste**

Printed by Books on Demand GmbH, Norderstedt / Germany